AN OUTLINE OF GREEK ACCIDENCE

AN OUTLINE OF
GREEK ACCIDENCE

H. J. K. USHER
Senior Classics Master
University College School, London

DUCKWORTH

Third impression 1994
Second impression 1990
First published in this edition in 1981 by
Gerald Duckworth & Co. Ltd.
The Old Piano Factory
48 Hoxton Square,
London N1 6PB

ISBN 0 7156 1543 2

Printed in Great Britain by
Ebenezer Baylis & Son Limited,
The Trinity Press, Worcester, and London

Contents

THE DEFINITE ARTICLE

	SINGULAR		
Nom.	ὁ	ἡ	τό
Acc.	τόν	τήν	τό
Gen.	τοῦ	τῆς	τοῦ
Dat.	τῷ	τῇ	τῷ
	PLURAL		
Nom.	οἱ	αἱ	τά
Acc.	τούς	τάς	τά
Gen.	τῶν	τῶν	τῶν
Dat.	τοῖς	ταῖς	τοῖς

Dual.   All genders: N., V., A., τώ; G., D., τοῖν.

NOUNS

First Declension
Stems in -α and -η

		Citizen	*Young man*	*Battle*	*Sea*	*Country*
SINGULAR	Nom.	πολίτης	νεανίας	μάχη	θάλαττα	χώρα
	Voc.	πολῖτα	νεανία	μάχη	θάλαττα	χώρα
	Acc.	πολίτην	νεανίαν	μάχην	θάλατταν	χώραν
	Gen.	πολίτου	νεανίου	μάχης	θαλάττης	χώρας
	Dat.	πολίτη	νεανία	μάχη	θαλάττη	χώρα
PLURAL	N., V.	πολῖται	νεανίαι	μάχαι	θάλατται	χώραι
	Acc.	πολίτας	νεανίας	μάχας	θαλάττας	χώρας
	Gen.	πολιτῶν	νεανιῶν	μαχῶν	θαλαττῶν	χωρῶν
	Dat.	πολίταις	νεανίαις	μάχαις	θαλάτταις	χώραις

All duals end: N., V., A., -α; G., D., -αιν.

Second Declension
Stems in -ο

		Man	*Island*	*Deed*
SINGULAR	Nom.	ἄνθρωπος	νῆσος	ἔργον
	Voc.	ἄνθρωπε	νῆσε	ἔργον
	Acc.	ἄνθρωπον	νῆσον	ἔργον
	Gen.	ἀνθρώπου	νήσου	ἔργου
	Dat.	ἀνθρώπῳ	νήσῳ	ἔργῳ
PLURAL	Nom.	ἄνθρωποι	νῆσοι	ἔργα
	Voc.	ἄνθρωποι	νῆσοι	ἔργα
	Acc.	ἀνθρώπους	νήσους	ἔργα
	Gen.	ἀνθρώπων	νήσων	ἔργων
	Dat.	ἀνθρώποις	νήσοις	ἔργοις

All duals end: N., V., A., -ω; G., D., -οιν.

Attic Second Declension

	Temple
Nom.	νεώς
Voc.	νεώς
Acc.	νεών
Gen.	νεώ
Dat.	νεῴ
Nom.	νεῴ
Voc.	νεῴ
Acc.	νεώς
Gen.	νεών
Dat.	νεώς

Dual: -ώ, -ῴν.

THIRD DECLENSION
Consonant Stems

		Guard ⁄	Night	Action ⌃
SINGULAR	Nom.	φύλαξ	νύξ	πρᾶγμα
	Voc.	φύλαξ	νύξ	πρᾶγμα
	Acc.	φύλακα	νύκτα	πρᾶγμα
	Gen.	φύλακος	νυκτός	πράγματος
	Dat.	φύλακι	νυκτί	πράγματι
PLURAL	Nom.	φύλακες	νύκτες	πράγματα
	Voc.	φύλακες	νύκτες	πράγματα
	Acc.	φύλακας	νύκτας	πράγματα
	Gen.	φυλάκων	νυκτῶν	πραγμάτων
	Dat.	φύλαξι(ν)	νυξί(ν)	πράγμασι(ν)

All duals end: N., V., A., -ε; G., D., -οιν.

Stems in -σ

		Trireme ⁄	Race ⁄
SING.	Nom.	τριήρης	γένος
	Voc.	τριῆρες	γένος
	Acc.	τριήρη	γένος
	Gen.	τριήρους	γένους
	Dat.	τριήρει	γένει
PLUR.	Nom.	τριήρεις	γένη
	Voc.	τριήρεις	γένη
	Acc.	τριήρεις	γένη
	Gen.	τριήρων	γενῶν
	Dat.	τριήρεσι(ν)	γένεσι(ν)

All duals end: N., V., A., -η; G., D., -οιν.

Vowel Stems

		King	City ⁄
SING.	Nom.	βασιλεῦς	πόλις
	Voc.	βασιλεῦ	πόλι
	Acc.	βασιλέα	πόλιν
	Gen.	βασιλέως	πόλεως
	Dat.	βασιλεῖ	πόλει
PLUR.	Nom.	βασιλῆς, -εῖς	πόλεις
	Voc.	βασιλῆς, -εῖς	πόλεις
	Acc.	βασιλέας, -εῖς	πόλεις
	Gen.	βασιλέων	πόλεων
	Dat.	βασιλεῦσι(ν)	πόλεσι(ν)

All duals end: N., V., A., -ει (or η); G., D., -έοιν.

THE COMMONER IRREGULAR NOUNS

		Man	*Woman*	*Town*	*Spring*	*Dawn*
SINGULAR	*Nom.*	ἀνήρ	γυνή	ἄστυ	ἔαρ	ἕως
	Voc.	ἄνερ	γύναι	ἄστυ	ἔαρ	ἕως
	Acc.	ἄνδρα	γυναῖκα	ἄστυ	ἔαρ	ἕω
	Gen.	ἀνδρός	γυναικός	ἄστεως	ἦρος	ἕω
	Dat.	ἀνδρί	γυναικί	ἄστει	ἦρι	ἕω
PLURAL	*Nom.*	ἄνδρες	γυναῖκες	ἄστη	—	
	Voc.	ἄνδρες	γυναῖκες	ἄστη	—	
	Acc.	ἄνδρας	γυναῖκας	ἄστη	—	
	Gen.	ἀνδρῶν	γυναικῶν	ἄστεων	—	
	Dat.	ἀνδράσι(ν)	γυναιξί(ν)	ἄστεσι(ν)	—	

		Father	*Ship*	*Horn*	*Son*
SINGULAR	*Nom.*	πατήρ	ναῦς	κέρας	υἱός
	Voc.	πάτερ	ναῦ	κέρας	υἱέ
	Acc.	πατέρα	ναῦν	κέρας	υἱόν
	Gen.	πατρός	νεώς	κέρατος, κέρως	υἱέος
	Dat.	πατρί	νηί	κέρατι, κέρα	υἱεῖ
PLURAL	*Nom.*	πατέρες	νῆες	κέρατα, κέρα	υἱεῖς
	Voc.	πατέρες	νῆες	κέρατα, κέρα	υἱεῖς
	Acc.	πατέρας	ναῦς	κέρατα, κέρα	υἱεῖς
	Gen.	πατέρων	νεῶν	κεράτων, κερῶν	υἱέων
	Dat.	πατράσι(ν)	ναυσί(ν)	κέρασι(ν)	υἱέσι(ν)

NOTE ON THE DATIVE PLURAL OF THE THIRD DECLENSION CONSONANT STEMS

In the dative plural the final consonant of the stem comes into contact with the termination σι(ν) and requires combination or contraction, as below:

	NOM.		GEN. SING.	DAT. PL.
1. γ, κ, χ, and σ = ξ				
	σάλπιγξ	*trumpet*	σάλπιγγ-ος	σάλπιγξι(ν)
	κῆρυξ	*herald*	κήρυκ-ος	κήρυξι(ν)

2. δ, θ, τ, and ν are omitted before final -σ

	NOM.		GEN. SING.	DAT. PL.
	παῖς	*boy*	παιδ-ός	παισί(ν)
	ὄρνις	*bird*	ὄρνιθος	ὄρνισι(ν)
	ἔρως	*love*	ἔρωτ-ος	ἔρωσι(ν)
	ἡγεμών	*leader*	ἡγεμόνος	ἡγεμόσι(ν)
	χειμών	*storm, winter*	χειμῶν-ος	χειμῶσι(ν)

3. ρ requires no change

	NOM.		GEN. SING.	DAT. PL.
	ῥήτωρ	*orator*	ῥήτορ-ος	ῥήτορσι(ν)

4. -ντ

	NOM.		GEN. SING.	DAT. PL.
	γέρων	*old man*	γέροντ-ος	γέρουσι(ν)
	ὀδούς	*tooth*	ὀδόντ-ος	ὀδοῦσι(ν)
	γίγας	*giant*	γίγαντ-ος	γίγασι(ν)

ADJECTIVES

FIRST-SECOND DECLENSION

		Good		
SING.	Nom.	ἀγαθός	ἀγαθή	ἀγαθόν
	Voc.	ἀγαθέ	ἀγαθή	ἀγαθόν
	Acc.	ἀγαθόν	ἀγαθήν	ἀγαθόν
	Gen.	ἀγαθοῦ	ἀγαθῆς	ἀγαθοῦ
	Dat.	ἀγαθῷ	ἀγαθῇ	ἀγαθῷ
PLUR.	Nom.	ἀγαθοί	ἀγαθαί	ἀγαθά
	Voc.	ἀγαθοί	ἀγαθαί	ἀγαθά
	Acc.	ἀγαθούς	ἀγαθάς	ἀγαθά
	Gen.	ἀγαθῶν	ἀγαθῶν	ἀγαθῶν
	Dat.	ἀγαθοῖς	ἀγαθαῖς	ἀγαθοῖς

Type -ους contracted from -εος or -οος

		Golden		
SING.	Nom.	χρυσοῦς	χρυσῆ	χρυσοῦν
	Voc.	χρυσοῦς	χρυσῆ	χρυσοῦν
	Acc.	χρυσοῦν	χρυσῆν	χρυσοῦν
	Gen.	χρυσοῦ	χρυσῆς	χρυσοῦ
	Dat.	χρυσῷ	χρυσῇ	χρυσῷ
PLUR.	Nom.	χρυσοῖ	χρυσαῖ	χρυσᾶ
	Voc.	χρυσοῖ	χρυσαῖ	χρυσᾶ
	Acc.	χρυσοῦς	χρυσᾶς	χρυσᾶ
	Gen.	χρυσῶν	χρυσῶν	χρυσῶν
	Dat.	χρυσοῖς	χρυσαῖς	χρυσοῖς

N.B.   If the adjective ends in -εος, -ιος, -ρος or -ρους, the feminine singular has -α throughout
(like χώρα), e.g. νέος   new   νέα νέαν νέας νέᾳ

πλούσιος, rich   πλουσία, etc.

ἰσχυρός, strong   ἰσχυρά, etc.

ἀργυροῦς, silver   ἀργυρᾶ, etc.

THIRD DECLENSION

		Noble		Smaller	
SING.	Nom.	εὐγενής	εὐγενές	ἥττων	ἧττον
	Voc.	εὐγενές	εὐγενές	ἧττον	ἧττον
	Acc.	εὐγενῆ	εὐγενές	ἥττονα [ἥττω]	ἧττον
	Gen.	εὐγενοῦς		ἥττονος	
	Dat.	εὐγενεῖ		ἥττονι	
PLUR.	Nom.	εὐγενεῖς	εὐγενῆ	ἥττονες [ἥττους]	ἥττονα [ἥττω]
	Voc.	εὐγενεῖς	εὐγενῆ	ἥττονες [ἥττους]	ἥττονα [ἥττω]
	Acc.	εὐγενεῖς	εὐγενῆ	ἥττονας [ἥττους]	ἥττονα [ἥττω]
	Gen.	εὐγενῶν		ἡττόνων	
	Dat.	εὐγενέσι(ν)		ἥττοσι(ν)	

N.B. Comparative adjectives have the two alternative forms. Other adjectives (e.g. σώφρων) have only the longer of the two.

MIXED (FIRST AND THIRD) DECLENSION

		Sweet					All		
SING.	Nom.	ἡδύς	ἡδεῖα	ἡδύ	SING.	Nom.	πᾶς	πᾶσα	πᾶν
	Voc.	ἡδύς	ἡδεῖα	ἡδύ		Voc.	πᾶς	πᾶσα	πᾶν
	Acc.	ἡδύν	ἡδεῖαν	ἡδύ		Acc.	πάντα	πᾶσαν	πᾶν
	Gen.	ἡδέος	ἡδείας	ἡδέος		Gen.	παντός	πάσης	παντός
	Dat.	ἡδεῖ	ἡδείᾳ	ἡδεῖ		Dat.	παντί	πάσῃ	παντί
PLUR.	Nom.	ἡδεῖς	ἡδεῖαι	ἡδέα	PLUR.	Nom.	πάντες	πᾶσαι	πάντα
	Voc.	ἡδεῖς	ἡδεῖαι	ἡδέα		Voc.	πάντες	πᾶσαι	πάντα
	Acc.	ἡδεῖς	ἡδείας	ἡδέα		Acc.	πάντας	πάσας	πάντα
	Gen.	ἡδέων	ἡδειῶν	ἡδέων		Gen.	πάντων	πασῶν	πάντων
	Dat.	ἡδέσι(ν)	ἡδείαις	ἡδέσι(ν)		Dat.	πᾶσι(ν)	πάσαις	πᾶσι(ν)

		Great		
Sing.	*Nom.*	μέγας	μεγάλη	μέγα
	Voc.	μεγάλε	μεγάλη	μέγα
	Acc.	μέγαν	μεγάλην	μέγα
	Gen.	μεγάλου	μεγάλης	μεγάλου
	Dat.	μεγάλῳ	μεγάλη	μεγάλῳ

		Much (pl. *many*)		
Sing.	*Nom.*	πολύς	πολλή	πολύ
	Voc.	πολύς	πολλή	πολύ
	Acc.	πολύν	πολλήν	πολύ
	Gen.	πολλοῦ	πολλῆς	πολλοῦ
	Dat.	πολλῷ	πολλῇ	πολλῷ

The plural is regular, e.g. μεγάλοι, μεγάλαι, μεγάλα; πολλοί, πολλαί, πολλά.

		Black		
Sing.	Nom.	μέλας	μέλαινα	μέλαν
	Voc.	μέλαν	μέλαινα	μέλαν
	Acc.	μέλανα	μέλαιναν	μέλαν
	Gen.	μέλανος	μελαίνης	μέλανος
	Dat.	μέλανι	μελαίνη	μέλανι

		Pleasing		
Sing.	Nom.	χαρίεις	χαρίεσσα	χαρίεν
	Voc.	χαρίεν	χαρίεσσα	χαρίεν
	Acc.	χαρίεντα	χαρίεσσαν	χαρίεν
	Gen.	χαρίεντος	χαριέσσης	χαρίεντος
	Dat.	χαρίεντι	χαριέσση	χαρίεντι

The plural is regular, e.g. μέλανες, μέλαιναι, μέλανα; χαρίεντες, χαρίεσσαι, χαρίεντα.

COMPARISON OF ADJECTIVES

I. Most adjectives make their comparative forms by adding -τερ ος -α -ον

their superlative forms by adding -τατ ος -η -ον to the base.

(1) those ending in -ος add them to the base -ο-

| δεινός | strange | δεινο- | δεινότερος | δεινότατος |

(2) those ending in -ος whose last syllable but one is short add them to a lengthened base -ω-

| σόφος | wise | σοφω- | σοφώτερος | σοφώτατος |

(3) those ending in -υς add them to the base -υ-

| γλυκύς | sweet | γλυκυ- | γλυκύτερος | γλυκύτατος |

(4) those ending in -ης add them to the base -ες-

| σαφής | clear | σαφες- | σαφέστερος | σαφέστατος |

(5) those ending in -ους add them to the base -ουσ-

| εὔνους | kindly | εὐνουσ- | εὐνούστερος | εὐνούστατος |

(6) those ending in -ων add -εστερ ος -α -ον to the base -ον-

| σώφρων | sensible | σωφρον- | σωφρονέστερος | σωφρονέστατος |

II. The following adjectives employ a mixture of forms, mostly the form with comparative ending -ιων -ιον, superlative ending -ιστ ος -η -ον:

ἀγαθός	good	ἀμείνων	ἄριστος
		βελτίων	βέλτιστος
		κρείττων	κράτιστος
αἰσχρός	disgraceful	αἰσχίων	αἴσχιστος
ἐχθρός	hateful	ἐχθίων	ἔχθιστος
ἡδύς	sweet	ἡδίων	ἥδιστος
κακός	bad	κακίων	κάκιστος
		χείρων	χείριστος
καλός	beautiful	καλλίων	κάλλιστος
μέγας	great	μείζων	μέγιστος
μικρός	small	μικρότερος	μικρότατος
		μείων	—
ὀλιγός	little	—	ὀλίγιστος
	few	ἐλάττων	ἐλάχιστος
		ἥττων	(ἥκιστα adverb only)
πολύς	much	πλείων	πλεῖστος
ῥᾴδιος	easy	ῥᾴων	ῥᾷστος
ταχύς	quick	θάττων	τάχιστος
φίλος	dear	—	φίλτατος
		μᾶλλον φίλος	μάλιστα φίλος

For declensions of comparatives see pages 12 and 13,
of superlatives see page 12.

NUMERALS

The following are declined:

Nom.	εἷς	μία	ἕν	δύο	τρεῖς	τρία	τέτταρες	τέτταρα
Voc.	εἷς	μία	ἕν	δύο	τρεῖς	τρία	τέτταρες	τέτταρα
Acc.	ἕνα	μίαν	ἕν	δύο	τρεῖς	τρία	τέτταρας	τέτταρα
Gen.	ἑνός	μιᾶς	ἑνός	δυοῖν	τριῶν		τεττάρων	
Dat.	ἑνί	μιᾷ	ἑνί	δυοῖν	τρισί(ν)		τέτταρσι(ν)	

Like εἷς are declined: οὐδείς, οὐδεμία, οὐδέν;

μηδείς, μηδεμία, μηδέν.

18

		CARDINALS	ORDINALS	ADVERBS
1	α΄	εἷς μία, ἕν	πρῶτος, -η, -ον	ἅπαξ
2	β΄	δύο	δεύτερος	δίς
3	γ΄	τρεῖς τρία	τρίτος	τρίς
4	δ΄	τέτταρες τέτταρα	τέταρτος	τετράκις
5	ε΄	πέντε	πέμπτος	πεντάκις
6	ϛ΄	ἕξ	ἕκτος	ἑξάκις
7	ζ΄	ἑπτά	ἕβδομος	ἑπτάκις
8	η΄	ὀκτώ	ὄγδοος	ὀκτάκις
9	θ΄	ἐννέα	ἔνατος	ἐνάκις
10	ι΄	δέκα	δέκατος	δεκάκις
11	ια΄	ἕνδεκα	ἑνδέκατος	ἑνδεκάκις
12	ιβ΄	δώδεκα	δωδέκατος	δωδεκάκις
13	ιγ΄	τρεῖς καὶ δέκα	τρίτος καὶ δέκατος	τρισκαιδεκάκις
14	ιδ΄	τέτταρες καὶ δέκα	τέταρτος καὶ δέκατος	τετταρακαιδεκάκις
15	ιε΄	πεντεκαίδεκα	πέμπτος καὶ δέκατος	πεντεκαιδεκάκις
16	ιϛ΄	ἑκκαίδεκα	ἕκτος ,, ,,	ἑκκαιδεκάκις
17	ιζ΄	ἑπτακαίδεκα	ἕβδομος ,, ,,	ἑπτακαιδεκάκις
18	ιη΄	ὀκτωκαίδεκα	ὄγδοος ,, ,,	ὀκτωκαιδεκάκις
19	ιθ΄	ἐννεακαίδεκα	ἔνατος ,, ,,	ἐννεακαιδεκάκις
20	κ΄	εἴκοσι(ν)	εἰκοστός	εἰκοσάκις
25	κε΄	εἴκοσι πέντε	εἰκοστὸς πέμπτος	εἰκοσάκις πεντάκις
30	λ΄	τριάκοντα	τριακοστός	τριακοντάκις
40	μ΄	τετταράκοντα	τετταρακοστός	τετταρακοντάκις
50	ν΄	πεντήκοντα	πεντηκοστός	πεντηκοντάκις
60	ξ΄	ἑξήκοντα	ἑξηκοστός	ἑξηκοντάκις
70	ο΄	ἑβδομήκοντα	ἑβδομηκοστός	ἑβδομηκοντάκις
80	π΄	ὀγδοήκοντα	ὀγδοηκοστός	ὀγδοηκοντάκις
90	ϙ΄	ἐνενήκοντα	ἐνενηκοστός	ἐνενηκοντάκις
100	ρ΄	ἑκατόν	ἑκατοστός	ἑκατοντάκις
200	σ΄	διακόσιοι, αι, α	διακοσιοστός	διακοσιάκις
300	τ΄	τριακόσιοι, αι, α	τριακοσιοστός	τριακοσιάκις
400	υ΄	τετρακόσιοι, αι, α	τετρακοσιοστός	τετρακοσιάκις
500	φ΄	πεντακόσιοι, αι, α	πεντακοσιοστός	πεντακοσιάκις
600	χ΄	ἑξακόσιοι, αι, α	ἑξακοσιοστός	ἑξακοσιάκις
700	ψ΄	ἑπτακόσιοι, αι, α	ἑπτακοσιοστός	ἑπτακοσιάκις
800	ω΄	ὀκτακόσιοι, αι, α	ὀκτακοσιοστός	ὀκτακοσιάκις
900	ϡ΄	ἐνακόσιοι, αι, α	ἐνακοσιοστός	ἐνακοσιάκις
1,000	,α	χίλιοι, αι, α	χιλιοστός	χιλιάκις
2,000	,β	δισχίλιοι, αι, α	δισχιλιοστός	δισχιλιάκις
10,000	,ι	μύριοι, αι, α	μυριοστός	μυριάκις

PRONOUNS

		I	Thou
SINGULAR	Nom., Voc.	ἐγώ	σύ
	Acc.	ἐμέ, με	σέ, σε
	Gen.	ἐμοῦ, μου	σοῦ, σου
	Dat.	ἐμοί, μοι	σοί, σοι
		We	You
PLURAL	Nom., Voc.	ἡμεῖς	ὑμεῖς
	Acc.	ἡμᾶς	ὑμᾶς
	Gen.	ἡμῶν	ὑμῶν
	Dat.	ἡμῖν	ὑμῖν

		Myself	Yourself	Himself	Himself
SING.	Acc.	ἐμαυτόν, -ήν	σεαυτόν, -ήν	ἑαυτόν, -ήν, -ό	ἕ
	Gen.	ἐμαυτοῦ, -ῆς	σεαυτοῦ, -ῆς	ἑαυτοῦ, -ῆς, -οῦ	οὗ
	Dat.	ἐμαυτῷ, -ῇ	σεαυτῷ, -ῇ	ἑαυτῷ, -ῇ, -ῷ	οἷ
		Ourselves	Yourselves	Themselves	Themselves
PLUR.	Acc.	ἡμᾶς αὐτούς, -άς	ὑμᾶς αὐτούς, -άς	ἑαυτούς, -άς, -ά	σφᾶς
	Gen.	ἡμῶν αὐτῶν, -ῶν	ὑμῶν αὐτῶν, -ῶν	ἑαυτῶν, -ῶν, -ῶν	σφῶν
	Dat.	ἡμῖν αὐτοῖς, -αῖς	ὑμῖν αὐτοῖς, -αῖς	ἑαυτοῖς, -αῖς, -οῖς	σφίσι(ν)

N.B. 1. σεαυτόν in the singular is often contracted to σαυτόν, σαυτήν, etc.
2. ἑαυτόν in the singular is usually contracted to αὑτόν, αὑτήν, etc.
3. ἑαυτόν in the plural has alternative forms:
  Acc. σφᾶς αὐτούς, σφᾶς αὐτάς; Gen. σφῶν αὐτῶν; Dat. σφίσιν αὐτοῖς, σφίσιν αὐταῖς.
4. Reflexive pronouns are not found in the nominative in *any* language.

	SINGULAR		
	He		
Nom.	αὐτός	αὐτή	αὐτό
Acc.	αὐτόν	αὐτήν	αὐτό
Gen.	αὐτοῦ	αὐτῆς	αὐτοῦ
Dat.	αὐτῷ	αὐτῇ	αὐτῷ
	PLURAL		
Nom.	αὐτοί	αὐταί	αὐτά
Acc.	αὐτούς	αὐτάς	αὐτά
Gen.	αὐτῶν	αὐτῶν	αὐτῶν
Dat.	αὐτοῖς	αὐταῖς	αὐτοῖς

	SINGULAR		
	Who (relative)		
Nom.	ὅς	ἥ	ὅ
Acc.	ὅν	ἥν	ὅ
Gen.	οὗ	ἧς	οὗ
Dat.	ᾧ	ᾗ	ᾧ
	PLURAL		
Nom.	οἵ	αἵ	ἅ
Acc.	οὕς	ἅς	ἅ
Gen.	ὧν	ὧν	ὧν
Dat.	οἷς	αἷς	οἷς

	SINGULAR		
	This		
Nom.	οὗτος	αὕτη	τοῦτο
Acc.	τοῦτον	ταύτην	τοῦτο
Gen.	τούτου	ταύτης	τούτου
Dat.	τούτῳ	ταύτῃ	τούτῳ
	PLURAL		
Nom.	οὗτοι	αὗται	ταῦτα
Acc.	τούτους	ταύτας	ταῦτα
Gen.	τούτων	τούτων	τούτων
Dat.	τούτοις	ταύταις	τούτοις

	SINGULAR	
	Who ?	
Nom.	τίς	τί
Acc.	τίνα	τί
Gen.	τίνος (or τοῦ)	
Dat.	τίνι (or τῷ)	
	PLURAL	
Nom.	τίνες	τίνα
Acc.	τίνας	τίνα
Gen.	τίνων	
Dat.	τίσι(ν)	

	SINGULAR		
	Who (relative)		
Nom.	ὅστις	ἥτις	ὅτι
Acc.	ὅντινα	ἥντινα	ὅτι
Gen.	ὅτου	ἧστινος	ὅτου
Dat.	ὅτῳ	ᾗτινι	ὅτῳ
	PLURAL		
Nom.	οἵτινες	αἵτινες	ἅττα (or ἅτινα)
Acc.	οὕστινας	ἅστινας	ἅττα (or ἅτινα)
Gen.	ὅτων	ὧντινων / ὅτων	ὅτων
Dat.	ὅτοις	αἷστισι(ν)	ὅτοις

	SINGULAR	
	Any	
Nom.	τις	τι
Acc.	τινά	τι
Gen.	τινός (or του)	
Dat.	τινί (or τῳ)	
	PLURAL	
Nom.	τινές τινά (or ἅττα)	
Acc.	τινάς τινά (or ἅττα)	
Gen.	τινῶν	
Dat.	τισί(ν)	

ὅτι is sometimes written ὅ τι to distinguish it from the conjunction ὅτι, *that.*

PRONOMINAL ADJECTIVES

INTERROGATIVE DIRECT	INTERROGATIVE INDIRECT	INDEFINITE	DEMONSTRATIVE	RELATIVE
τίς;	ὅστις	τις	{ ὅδε { οὗτος, ἐκεῖνος	ὅς, ὅστις
πότερος;	ὁπότερος	–	ἕτερος	ὁπότερος
ποῖος;	ὁποῖος	ποιός	{ τοιόσδε { τοιοῦτος	οἷος, ὁποῖος
πόσος;	ὁποσος	ποσός	{ τοσόσδε { τοσοῦτος	ὅσος, ὁπόσος

PRONOMINAL ADVERBS

ποῦ;	ὅπου	που	{ ἐνθάδε { ἐνταῦθα, ἐκεῖ	οὗ, ὅπου
ποῖ;	ὅποι	ποι	ἐκεῖσε, δεῦρο	οἷ, ὅποι
πόθεν;	ὁπόθεν	ποθέν	{ ἐνθένδε { ἐντεῦθεν, ἐκεῖθεν	ὅθεν, ὁπόθεν
πῶς;	ὅπως	πως	ὧδε, οὕτως	ὡς, ὅπως
πότε;	ὁπότε	ποτέ	τότε	ὅτε, ὁπότε

ADVERBS

Many adjectives form adverbs by changing the last syllable of the genitive singular into -ως, e.g.:

φίλος	(gen. φίλου)	φίλως
σώφρων	(gen. σώφρονος)	σωφρόνως
τάχυς	(gen. ταχέος)	ταχέως

Adverbs so formed have a comparative which is the neuter SINGULAR of the comparative of the corresponding adjective.

a superlative which is the neuter PLURAL of the superlative of the corresponding adjective.

σοφῶς	σοφώτερον	σοφώτατα
ἡδέως	ἥδιον	ἥδιστα
ταχέως	θᾶττον	τάχιστα

Two adverbs proper borrow adjectival forms.

μάλα much	μᾶλλον	μάλιστα
εὖ well	ἄμεινον	ἄριστα

VERBS

The Verb λύω = Loosen

Active

| | | INDICATIVE | | SUBJUNCTIVE | OPTATIVE |
		PRIMARY	HISTORIC		
Present and Imperfect	S. 1	λύω	ἔλυον	λύω	λύοιμι
	2	λύεις	ἔλυες	λύῃς	λύοις
	3	λύει	ἔλυε(ν)	λύῃ	λύοι
	D. 2	λύετον	ἐλύετον	λύητον	λύοιτον
	3	λύετον	ἐλυέτην	λύητον	λυοίτην
	Pl. 1	λύομεν	ἐλύομεν	λύωμεν	λύοιμεν
	2	λύετε	ἐλύετε	λύητε	λύοιτε
	3	λύουσι(ν)	ἔλυον	λύωσι(ν)	λύοιεν
Future	S. 1	λύσω			λύσοιμι
	2	λύσεις			λύσοις
	3	λύσει			λύσοι
	D. 2	λύσετον			λύσοιτον
	3	λύσετον			λυσοίτην
	Pl. 1	λύσομεν			λύσοιμεν
	2	λύσετε			λύσοιτε
	3	λύσουσι(ν)			λύσοιεν
Aorist	S. 1		ἔλυσα	λύσω	λύσαιμι
	2		ἔλυσας	λύσῃς	λύσειας
	3		ἔλυσε(ν)	λύσῃ	λύσειε(ν)
	D. 2		ἐλύσατον	λύσητον	λύσαιτον
	3		ἐλυσάτην	λύσητον	λυσάιτην
	Pl. 1		ἐλύσαμεν	λύσωμεν	λύσαιμεν
	2		ἐλύσατε	λύσητε	λύσαιτε
	3		ἔλυσαν	λύσωσι(ν)	λύσειαν
Perfect and Pluperfect	S. 1	λέλυκα	ἐλελύκειν	(λελυκὼς ὦ)	(λελυκὼς εἴην)
	2	λέλυκας	ἐλελύκεις		
	3	λέλυκε(ν)	ἐλελύκει	etc.	etc.
	D. 2	λελύκατον	ἐλελύκετον		
	3	λελύκατον	ἐλελυκέτην		
	Pl. 1	λελύκαμεν	ἐλελύκεμεν		
	2	λελύκατε	ἐλελύκετε		
	3	λελύκασι(ν)	ἐλελύκεσαν		

		INDICATIVE		SUBJUNCTIVE	OPTATIVE
		PRIMARY	HISTORIC		
Present and Imperfect	S. 1	λύομαι	ἐλυόμην	λύωμαι	λυοίμην
	2	λύει, λύῃ	ἐλύου	λύῃ	λύοιο
	3	λύεται	ἐλύετο	λύηται	λύοιτο
	D. 2	λύεσθον	ἐλύεσθον	λύησθον	λύοισθον
	3	λύεσθον	ἐλυέσθην	λύησθον	λυοίσθην
	Pl. 1	λυόμεθα	ἐλυόμεθα	λυώμεθα	λυοίμεθα
	2	λύεσθε	ἐλύεσθε	λύησθε	λύοισθε
	3	λύονται	ἐλύοντο	λύωνται	λύοιντο
Future	S. 1	λυθήσομαι			λυθησοίμην
	2	λυθήσει, λυθήσῃ			λυθήσοιο
	3	λυθήσεται			λυθήσοιτο
	D. 2	λυθήσεσθον			λυθήσοισθον
	3	λυθήσεσθον			λυθησοίσθην
	Pl. 1	λυθησόμεθα			λυθησοίμεθα
	2	λυθήσεσθε			λυθήσοισθε
	3	λυθήσονται			λυθήσοιντο
Aorist	S. 1		ἐλύθην	λυθῶ	λυθείην
	2		ἐλύθης	λυθῇς	λυθείης
	3		ἐλύθη	λυθῇ	λυθείη
	D. 2		ἐλύθητον	λυθῆτον	λυθεῖτον
	3		ἐλυθήτην	λυθῆτον	λυθείτην
	Pl. 1		ἐλύθημεν	λυθῶμεν	λυθεῖμεν
	2		ἐλύθητε	λυθῆτε	λυθεῖτε
	3		ἐλύθησαν	λυθῶσι(ν)	λυθεῖεν
Perfect and Pluperfect	S. 1	λέλυμαι	ἐλελύμην	(λελυμένος ὦ) etc.	(λελυμένος εἴην) etc.
	2	λέλυσαι	ἐλέλυσο		
	3	λέλυται	ἐλέλυτο		
	D. 2	λέλυσθον	ἐλέλυσθον		
	3	λέλυσθον	ἐλελύσθην		
	Pl. 1	λελύμεθα	ἐλελύμεθα		
	2	λέλυσθε	ἐλέλυσθε		
	3	λέλυνται	ἐλέλυντο		

MIDDLE

The middle employs the same forms as the passive, except in the future and aorist tenses.

| | | INDICATIVE | | SUBJUNCTIVE | OPTATIVE |
		PRIMARY	HISTORIC		
Future	S. 1	λύσομαι			λυσοίμην
	2	λύσει, λύσῃ			λύσοιο
	3	λύσεται			λύσοιτο
	D. 2	λύσεσθον			λύσοισθον
	3	λύσεσθον			λυσοίσθην
	Pl. 1	λυσόμεθα			λυσοίμεθα
	2	λύσεσθε			λύσοισθε
	3	λύσονται			λύσοιντο
Aorist	S. 1		ἐλυσάμην	λύσωμαι	λυσαίμην
	2		ἐλύσω	λύσῃ	λύσαιο
	3		ἐλύσατο	λύσηται	λύσαιτο
	D. 2		ἐλύσασθον	λύσησθον	λύσαισθον
	3		ἐλυσάσθην	λύσησθον	λυσαίσθην
	Pl. 1		ἐλυσάμεθα	λυσώμεθα	λυσαίμεθα
	2		ἐλύσασθε	λύσησθε	λύσαισθε
	3		ἐλύσαντο	λύσωνται	λύσαιντο

IMPERATIVES

		ACTIVE	MIDDLE	PASSIVE
Present	S. 2	λῦε	λύου	λύου
	3	λυέτω	λυέσθω	λυέσθω
	Pl. 2	λύετε	λύεσθε	λύεσθε
	3	λυόντων	λυέσθων	λυέσθων
Aorist	S. 2	λῦσον	λῦσαι	λύθητι
	3	λυσάτω	λυσάσθω	λυθήτω
	Pl. 2	λύσατε	λύσασθε	λύθητε
	3	λυσάντων	λυσάσθων	λυθέντων
Perfect	S. 2	λέλυκε	λέλυσο	λέλυσο
	3	λελυκέτω	λελύσθω	λελύσθω
	Pl. 2	λελύκετε	λέλυσθε	λέλυσθε
	3	λελυκόντων	λελύσθων	λελύσθων

INFINITIVES

	ACTIVE	MIDDLE	PASSIVE
Present	λύειν	λύεσθαι	λύεσθαι
Future	λύσειν	λύσεσθαι	λυθήσεσθαι
Aorist	λῦσαι	λύσασθαι	λυθῆναι
Perfect	ʼλελυκέναι	λελύσθαι	λελύσθαι

PARTICIPLES

| | | ACTIVE | | | PASSIVE | | |

ACTIVE   **PASSIVE**

		SINGULAR					
Present	Nom.	λύων	λύουσα	λῦον	λυόμενος	λυομένη	λυόμενον
	Gen.	λύοντος	λυούσης	λύοντος	etc.		
		PLURAL					
	Dat.	λύουσι(ν)	λυούσαις	λύουσι(ν)	etc.		

		SINGULAR					
Future	Nom.	λύσων	λύσουσα	λῦσον	λυθησόμενος	λυθησομένη	λυθησόμενον
	Gen.	λύσοντος	λυσούσης	λύσοντος	etc.		
		PLURAL					
	Dat.	λύσουσι(ν)	λύσουσαις	λύσουσι(ν)	etc.		

		SINGULAR					
Aorist	Nom.	λύσας	λύσασα	λῦσαν	λυθείς	λυθεῖσα	λυθέν
	Gen.	λύσαντος	λυσάσης	λύσαντος	λυθέντος	λυθείσης	λυθέντος
		PLURAL					
	Dat.	λύσασι(ν)	λυσάσαις	λύσασι(ν)	λυθεῖσι(ν)	λυθείσαις	λυθεῖσι(ν)

		SINGULAR					
Perfect	Nom.	λελυκώς	λελυκυῖα	λελυκός	λελυμένος	λελυμένη	λελυμένον
	Gen.	λελυκότος	λελυκυίας	λελυκότος	etc.		
		PLURAL					
	Dat.	λελυκόσι(ν)	λελυκυίαις	λελυκόσι(ν)	etc.		

MIDDLE
Present and Perfect as for the Passive Voice
Future λυσόμενος, λυσομένη, λυσόμενον
Aorist λυσάμενος, λυσαμένη, **λυσάμενον**

CONTRACT VERBS

The present and imperfect tenses only are contracted, the vowel of the stem fusing with the vowel of the ending.

In other tenses the α lengthens to η, ε to η, ο to ω, and the normal endings are added.

I. α Stems

α and ο, ου, ω = ω

ᾱ and ε, η = α

ι becomes or remains subscript (except in present infinitive active νικᾶν).

ACTIVE νικάω = conquer

	INDICATIVE		SUBJUNCTIVE	OPTATIVE
	PRESENT	IMPERFECT		
S. 1	νικῶ	ἐνίκων	νικῶ	νικῴην
2	νικᾷς	ἐνίκας	νικᾷς	νικῴης
3	νικᾷ	ἐνίκα	νικᾷ	νικῴη
Pl. 1	νικῶμεν	ἐνικῶμεν	νικῶμεν	νικῷμεν
2	νικᾶτε	ἐνικᾶτε	νικᾶτε	νικῷτε
3	νικῶσι(ν)	ἐνίκων	νικῶσι(ν)	νικῷεν

	IMPERATIVE	INFINITIVE	PARTICIPLE		
S. 2	νίκα	νικᾶν	νικῶν	νικῶσα	νικῶν
3	νικάτω		νικῶντος	νικώσης	νικῶντος
Pl. 2	νικᾶτε				
3	νικώντων		νικῶσι(ν)	νικώσαις	νικῶσι(ν)

PASSIVE νικάω

	INDICATIVE		SUBJUNCTIVE	OPTATIVE
	PRESENT	IMPERFECT		
S. 1	νικῶμαι	ἐνικώμην	νικῶμαι	νικῴμην
2	νικᾷ	ἐνικῶ	νικᾷ	νικῷο
3	νικᾶται	ἐνικᾶτο	νικᾶται	νικῷτο
Pl. 1	νικώμεθα	ἐνικώμεθα	νικώμεθα	νικῴμεθα
2	νικᾶσθε	ἐνικᾶσθε	νικᾶσθε	νικῷσθε
3	νικῶνται	ἐνικῶντο	νικῶνται	νικῷντο

	IMPERATIVE	INFINITIVE	PARTICIPLE
S. 2	νικῶ	νικᾶσθαι	νικώμενος, νικωμένη, νικώμενον
3	νικάσθω		etc.
Pl. 2	νικᾶσθε		
3	νικάσθων		

II. ε Stems

ε and ε = ει

ε and o = ου

ε is dropped before a long vowel or diphthong.

Active ποιέω = make

	Indicative		Subjunctive	Optative
	Present	Imperfect		
S. 1	ποιῶ	ἐποίουν	ποιῶ	ποιοίην
2	ποιεῖς	ἐποίεις	ποιῇς	ποιοίης
3	ποιεῖ	ἐποίει	ποιῇ	ποιοίη
Pl. 1	ποιοῦμεν	ἐποιοῦμεν	ποιῶμεν	ποιοῖμεν
2	ποιεῖτε	ἐποιεῖτε	ποιῆτε	ποιοῖτε
3	ποιοῦσι(ν)	ἐποίουν	ποιῶσι(ν)	ποιοῖεν

	Imperative	Infinitive	Participle		
S. 2	ποίει	ποιεῖν	ποιῶν	ποιοῦσα	ποιοῦν
3	ποιείτω		ποιοῦντος	ποιούσης	ποιοῦντος
Pl. 2	ποιεῖτε				
3	ποιούντων		ποιοῦσι(ν)	ποιούσαις	ποιοῦσι(ν)

Passive ποιέω

	Indicative		Subjunctive	Optative
	Present	Imperfect		
S. 1	ποιοῦμαι	ἐποιούμην	ποιῶμαι	ποιοίμην
2	ποιεῖ, ποιῇ	ἐποιοῦ	ποιῇ	ποιοῖο
3	ποιεῖται	ἐποιεῖτο	ποιῆται	ποιοῖτο
Pl. 1	ποιούμεθα	ἐποιούμεθα	ποιώμεθα	ποιοίμεθα
2	ποιεῖσθε	ἐποιεῖσθε	ποιῆσθε	ποιοῖσθε
3	ποιοῦνται	ἐποιοῦντο	ποιῶνται	ποιοῖντο

	Imperative	Infinitive	Participle
S. 2	ποιοῦ	ποιεῖσθαι	ποιούμενος, ποιουμένη, ποιούμενον
3	ποιείσθω		etc.
Pl. 2	ποιεῖσθε		
3	ποιείσθων		

III. o STEMS

o and long vowel = ω

o and short vowel = ου.

Any combination with ι or ι subscript (except present infinitive active δουλοῦν) = οι.

ACTIVE δουλόω = enslave

	INDICATIVE		SUBJUNCTIVE	OPTATIVE
	PRESENT	IMPERFECT		
S. 1	δουλῶ	ἐδούλουν	δουλῶ	δουλοίην
2	δουλοῖς	ἐδούλους	δουλοῖς	δουλοίης
3	δουλοῖ	ἐδούλου	δουλοῖ	δουλοίη
Pl. 1	δουλοῦμεν	ἐδουλοῦμεν	δουλῶμεν	δουλοῖμεν
2	δουλοῦτε	ἐδουλοῦτε	δουλῶτε	δουλοῖτε
3	δουλοῦσι(ν)	ἐδούλουν	δουλῶσι(ν)	δουλοῖεν

	IMPERATIVE	INFINITIVE	PARTICIPLE		
S. 2	δούλου	δουλοῦν	δουλῶν	δουλοῦσα	δουλοῦν
3	δουλούτω		δουλοῦντος	δουλούσης	δουλοῦντος
Pl. 2	δουλοῦτε				
3	δουλούντων		δουλοῦσι(ν)	δουλούσαις	δουλοῦσι(ν)

PASSIVE δουλόω

	INDICATIVE		SUBJUNCTIVE	OPTATIVE
	PRESENT	IMPERFECT		
S. 1	δουλοῦμαι	ἐδουλούμην	δουλῶμαι	δουλοίμην
2	δουλοῖ	ἐδούλου	δουλοῖ	δουλοῖο
3	δουλοῦται	ἐδουλοῦτο	δουλῶται	δουλοῖτο
Pl. 1	δουλούμεθα	ἐδουλούμεθα	δουλώμεθα	δουλοίμεθα
2	δουλοῦσθε	ἐδουλοῦσθε	δουλῶσθε	δουλοῖσθε
3	δουλοῦνται	ἐδουλοῦντο	δουλῶνται	δουλοῖντο

	IMPERATIVE	INFINITIVE	PARTICIPLE
S. 2	δουλοῦ	δουλοῦσθαι	δουλούμενος, δουλουμένη, δουλούμενον
3	δουλούσθω		etc.
Pl. 2	δουλοῦσθε		
3	δουλούσθων		

31

Verbs in -μι
τίθημι (θε-) = place
Principal Parts

| τίθημι | θήσω | ἔθηκα | τέθηκα | (τέθειμαι) κεῖμαι | ἐτέθην |

Active Voice

		INDICATIVE		SUBJUNCTIVE	OPTATIVE	IMPERATIVE
		PRIMARY	HISTORIC			
Present	S. 1	τίθημι	ἐτίθην	τιθῶ	τιθείην	
and	2	τίθης	ἐτίθεις	τιθῇς	τιθείης	τίθει
Imperfect	3	τίθησι(ν)	ἐτίθει(ν)	τιθῇ	τιθείη	τιθέτω
	Pl. 1	τίθεμεν	ἐτίθεμεν	τιθῶμεν	τιθεῖμεν	
	2	τίθετε	ἐτίθετε	τιθῆτε	τιθεῖτε	τίθετε
	3	τιθέασι(ν)	ἐτίθεσαν	τιθῶσι(ν)	τιθεῖεν	τιθέντων
Aorist	S. 1		ἔθηκα	θῶ	θείην	
	2		ἔθηκας	θῇς	θείης	θές
	3		ἔθηκε(ν)	θῇ	θείη	θέτω
	Pl. 1		— ἔθεμεν	θῶμεν	θεῖμεν	
	2		— ἔθετε	θῆτε	θεῖτε	θέτε
	3		ἔθηκαν, ἔθεσαν	θῶσι(ν)	θεῖεν	θέντων

Passive and Middle Voices

Present	S. 1	τίθεμαι	ἐτιθέμην	τιθῶμαι	τιθείμην	
and	2	τίθεσαι	ἐτίθεσο	τιθῇ	τιθεῖο	τίθεσο
Imperfect	3	τίθεται	ἐτίθετο	τιθῆται	τιθεῖτο	τιθέσθω
	Pl. 1	τιθέμεθα	ἐτιθέμεθα	τιθώμεθα	τιθείμεθα	
	2	τίθεσθε	ἐτίθεσθε	τιθῆσθε	τιθεῖσθε	τίθεσθε
	3	τίθενται	ἐτίθεντο	τιθῶνται	τιθεῖντο	τιθέσθων

Middle Voice

Aorist	S. 1		ἐθέμην	θῶμαι	θείμην	
	2		ἔθου	θῇ	θεῖο	θοῦ
	3		ἔθετο	θῆται	θεῖτο	θέσθω
	Pl. 1		ἐθέμεθα	θώμεθα	θείμεθα	
	2		ἔθεσθε	θῆσθε	θεῖσθε	θέσθε
	3		ἔθεντο	θῶνται	θεῖντο	θέσθων

ἵστημι (στα-) = set up

PRINCIPAL PARTS

SIMPLE
I. TRANSITIVE   ἵστημι   στήσω   ἔστησα   —   —   ἐστάθην   *set up*
II. INTRANSITIVE   ἕστηκα   στήσομαι   ἔστην   —   —   —   *stand*
(imp. εἱστήκειν)

COMPOUND
I. TRANSITIVE   ἀφίστημι   ἀποστήσω   ἀπέστησα   —   —   ἀπεστάθην   *make revolt*
II. INTRANSITIVE   ἀφίσταμαι   ἀποστήσομαι   ἀπέστην   —   —   —   *revolt*

ACTIVE VOICE

		INDICATIVE		SUBJUNCTIVE	OPTATIVE	IMPERATIVE
		PRIMARY	HISTORIC			
Present and Imperfect	S. 1	ἵστημι	ἵστην	ἱστῶ	ἱσταίην	
	2	ἵστης	ἵστης	ἱστῇς	ἱσταίης	ἵστη
	3	ἵστησι(ν)	ἵστη	ἱστῇ	ἱσταίη	ἱστάτω
	Pl. 1	ἵσταμεν	ἵσταμεν	ἱστῶμεν	ἱσταῖμεν	
	2	ἵστατε	ἵστατε	ἱστῆτε	ἱσταῖτε	ἵστατε
	3	ἱστᾶσι(ν)	ἵστασαν	ἱστῶσι(ν)	ἱσταῖεν	ἱστάντων
Strong Aorist	S. 1		ἔστην	στῶ	σταίην	
	2		ἔστης	στῇς	σταίης	στῆθι
	3		ἔστη	στῇ	σταίη	στήτω
	Pl. 1		ἔστημεν	στῶμεν	σταῖμεν	
	2		ἔστητε	στῆτε	σταῖτε	στῆτε
	3		ἔστησαν	στῶσι(ν)	σταῖεν	στάντων
Perfect and Pluperfect with Present and Imperfect meaning	S. 1	ἕστηκα	εἱστήκειν	ἑστῶ	ἑσταίην	
	2	ἕστηκας	εἱστήκεις	etc. as	etc. as	ἕσταθι
	3	ἕστηκε	εἱστήκει	ἱστῶ	ἱσταίην	ἑστάτω
	Pl. 1	ἕσταμεν	ἕσταμεν			
	2	ἕστατε	ἕστατε			ἕστατε
	3	ἑστᾶσι(ν)	ἕστασαν			ἑστάντων

PASSIVE AND MIDDLE VOICES

Present and Imperfect	S. 1	ἵσταμαι	ἱστάμην	ἱστῶμαι	ἱσταίμην	
	2	ἵστασαι	ἵστασο	ἱστῇ	ἱσταῖο	ἵστασο
	3	ἵσταται	ἵστατο	ἱστῆται	ἱσταῖτο	ἱστάσθω
	Pl. 1	ἱστάμεθα	ἱστάμεθα	ἱστώμεθα	ἱσταίμεθα	
	2	ἵστασθε	ἵστασθε	ἱστῆσθε	ἱσταῖσθε	ἵστασθε
	3	ἵστανται	ἵσταντο	ἱστῶνται	ἱσταῖντο	ἱστάσθων

δίδωμι (δο-) = offer

PRINCIPAL PARTS

δίδωμι δώσω ἔδωκα δέδωκα δέδομαι ἐδόθην

ACTIVE VOICE

| | | INDICATIVE | | SUBJUNCTIVE | OPTATIVE | IMPERATIVE |
		PRIMARY	HISTORIC			
Present and Imperfect	S. 1	δίδωμι	ἐδίδουν	διδῶ	διδοίην	
	2	δίδως	ἐδίδους	διδῷς	διδοίης	δίδου
	3	δίδωσι(ν)	ἐδίδου	διδῷ	διδοίη	διδότω
	Pl. 1	δίδομεν	ἐδίδομεν	διδῶμεν	διδοῖμεν	
	2	δίδοτε	ἐδίδοτε	διδῶτε	διδοῖτε	δίδοτε
	3	διδόασι(ν)	ἐδίδοσαν	διδῶσι(ν)	διδοῖεν	διδόντων
Aorist	S. 1		ἔδωκα —	δῶ	δοίην	
	2		ἔδωκας —	δῷς	δοίης	δός
	3		ἔδωκε(ν) —	δῷ	δοίη	δότω
	Pl. 1		ἐδώκαμεν ἔδομεν	δῶμεν	δοῖμεν	
	2		ἐδώκατε ἔδοτε	δῶτε	δοῖτε	δότε
	3		ἔδωκαν ἔδοσαν	δῶσι(ν)	δοῖεν	δόντων

MIDDLE VOICE

| | | INDICATIVE | | SUBJUNCTIVE | OPTATIVE | IMPERATIVE |
		PRIMARY	HISTORIC			
Present and Imperfect	S. 1	δίδομαι	ἐδιδόμην	διδῶμαι	διδοίμην	
	2	δίδοσαι	ἐδίδοσο	διδῷ	διδοῖο	δίδοσο
	3	δίδοται	ἐδίδοτο	διδῶται	διδοῖτο	διδόσθω
	Pl. 1	διδόμεθα	ἐδιδόμεθα	διδώμεθα	διδοίμεθα	
	2	δίδοσθε	ἐδίδοσθε	διδῶσθε	διδοῖσθε	δίδοσθε
	3	δίδονται	ἐδίδοντο	διδῶνται	διδοῖντο	διδόσθων
Strong Aorist	S. 1		ἐδόμην	δῶμαι	δοίμην	
	2		ἔδου	δῷ	δοῖο	δοῦ
	3		ἔδοτο	δῶται	δοῖτο	δόσθω
	Pl. 1		ἐδόμεθα	δώμεθα	δοίμεθα	
	2		ἔδοσθε	δῶσθε	δοῖσθε	δόσθε
	3		ἔδοντο	δῶνται	δοῖντο	δόσθων

34

δείκνυμι (δεικ-) = show

PRINCIPAL PARTS

δείκνυμι   δείξω   ἔδειξα   δέδειχα   δέδειγμαι   ἐδείχθην

ACTIVE VOICE

		PRESENT IND.	IMPERFECT IND.	SUBJUNCTIVE	OPTATIVE	IMPERATIVE
S.	1	δείκνυμι	ἐδείκνυν	δεικνύω	δεικνύοιμι	
	2	δείκνυς	ἐδείκνυς	etc., as λύω	etc., as λύοιμι	δείκνυ
	3	δείκνυσι(ν)	ἐδείκνυ			δεικνύτω
Pl.	1	δείκνυμεν	ἐδείκνυμεν			
	2	δείκνυτε	ἐδείκνυτε			δείκνυτε
	3	δεικνύασι(ν)	ἐδείκνυσαν			δεικνύντων

PASSIVE AND MIDDLE VOICES δείκνυμι

		PRESENT IND.	IMPERFECT IND.	SUBJUNCTIVE	OPTATIVE	IMPERATIVE
S.	1	δείκνυμαι	ἐδεικνύμην	δεικνύωμαι	δεικνυοίμην	
	2	δείκνυσαι	ἐδείκνυσο	etc., as λύωμαι	etc., as λυοίμην	δείκνυσο
	3	δείκνυται	ἐδείκνυτο			δεικνύσθω
Pl.	1	δεικνύμεθα	ἐδεικνύμεθα			
	2	δείκνυσθε	ἐδείκνυσθε			δείκνυσθε
	3	δείκνυνται	ἐδείκνυντο			δεικνύσθων

INFINITIVES OF VERBS IN -μι

The infinitives are formed for the tenses of the principal parts regularly as in λύω, except for the following:

	ACTIVE	MIDDLE
Present	τιθέναι	τίθεσθαι
Aorist	θεῖναι	θέσθαι

	ACTIVE	MIDDLE
Present	διδόναι	δίδοσθαι
Aorist	δοῦναι	δόσθαι

	ACTIVE	MIDDLE
Present	ἱστάναι	ἵστασθαι
Aorist II	στῆναι	

	ACTIVE	MIDDLE
Present	δεικνύναι	δείκνυσθαι

The present infinitives passive are the same as the middle.

35

ACTIVE

Present	SING.	*Nom.*	τιθείς	τιθεῖσα	τιθέν
		Gen.	τιθέντος	τιθείσης	τιθέντος
	PLUR.	*Dat.*	τιθεῖσι(ν)	τιθείσαις	τιθεῖσι(ν)

Aorist	SING.	*Nom.*	θείς	θεῖσα	θέν

etc., as above

Present	SING.	*Nom.*	ἱστάς	ἱστᾶσα	ἱστάν
		Gen.	ἱστάντος	ἱστάσης	ἱστάντος
	PLUR.	*Dat.*	ἱστᾶσι(ν)	ἱστάσαις	ἱστᾶσι(ν)

Aorist II	SING.	*Nom.*	στάς	στᾶσα	στάν

etc., as above

Aorist I	SING.	*Nom.*	στήσας	στησᾶσα	στῆσαν

etc., regularly

Perfect	SING.	*Nom.*	ἑστώς	ἑστῶσα	ἑστός
		Gen.	ἑστῶτος	ἑστώσης	ἑστῶτος

Present	SING.	*Nom.*	διδούς	διδοῦσα	διδόν
		Gen.	διδόντος	διδούσης	διδόντος
	PLUR.	*Dat.*	διδοῦσι(ν)	διδούσαις	διδοῦσι(ν)

Aorist	SING.	*Nom.*	δούς	δοῦσα	δόν

Present	SING.	*Nom.*	δεικνύς	δεικνῦσα	δεικνύν
		Gen.	δεικνύντος	δεικνύσης	δεικνύντος
	PLUR.	*Dat.*	δεικνῦσι(ν)	δεικνύσαις	δεικνῦσι(ν)

The other tenses in the principal parts form their participles regularly as λύω.

Passive and Middle Present	SING.	*Nom.* *Gen.*	τιθέμενος etc.	τιθεμένη	τιθέμενον
	PLUR.	*Dat.*			

Middle Aorist	SING.	*Nom.*	θέμενος etc.	θεμένη	θέμενον

Passive and Middle Present	SING.	*Nom.* *Gen.*	ἱστάμενος etc.	ἱσταμένη	ἱστάμενον
	PLUR.	*Dat.*			

Passive and Middle Present	SING.	*Nom.* *Gen.*	διδόμενος etc.	διδομένη	διδόμενον
	PLUR.	*Dat.*			

Middle Aorist	SING.	*Nom.*	δόμενος etc.	δομένη	δόμενον

Passive and Middle Present	SING.	*Nom.* *Gen.*	δεικνύμενος etc.	δεικνυμένη	δεικνύμενον
	PLUR.	*Dat.*			

The other tenses in the principal parts form their participles regularly as λύω.

εἰμί = I am

		INDICATIVE		SUBJUNCTIVE	OPTATIVE	IMPERATIVE
		PRIMARY	HISTORIC			
Present and Imperfect	S. 1	εἰμί	ἦν, ἦ	ὦ	εἴην	
	2	εἶ	ἦσθα	ᾖς	εἴης	ἴσθι
	3	ἐστί(ν)	ἦν	ᾖ	εἴη	ἔστω
	Pl. 1	ἐσμέν	ἦμεν	ὦμεν	εἶμεν	
	2	ἐστέ	ἦτε	ἦτε	εἶτε	ἔστε
	3	εἰσί(ν)	ἦσαν	ὦσι(ν)	εἶεν	ὄντων
Future	S. 1	ἔσομαι			ἐσοίμην, etc.	
	2	ἔσει, ἔσῃ				
	3	ἔσται				
	Pl. 1	ἐσόμεθα				
	2	ἔσεσθε				
	3	ἔσονται				

Infinitives	Present	εἶναι
	Future	ἔσεσθαι

Participles	Present	ὤν, οὖσα, ὄν, st. ὀντ-
	Future	ἐσόμενος, η, ον

εἶμι = I shall go

	FUTURE INDIC.	IMPF. INDIC.	SUBJUNCTIVE	OPTATIVE	IMPERATIVE
S. 1	εἶμι	ᾖα, ᾔειν	ἴω	ἴοιμι	
2	εἶ	ᾔεισθα	ἴῃς	ἴοις	ἴθι
3	εἶσι(ν)	ᾔει(ν)	ἴῃ	ἴοι	ἴτω
Pl. 1	ἴμεν	ᾖμεν	ἴωμεν	ἴοιμεν	ἴτε
2	ἴτε	ᾖτε	ἴητε	ἴοιτε	ἰόντων
3	ἴασι(ν)	ᾖσαν, ᾔεσαν	ἴωσι(ν)	ἴοιεν	

Infinitive ἰέναι   *Participle* ἰών, ἰοῦσα, ἰόν, st. ἰοντ-

38

οἶδα = I know

	INDICATIVE		SUBJUNCTIVE	OPTATIVE	IMPERATIVE
	PRIMARY	HISTORIC			
S. 1	οἶδα	ᾔδη	εἰδῶ	εἰδείην	
2	οἶσθα	ᾔδησθα	etc. as τιθῶ	etc. as τιθείην	ἴσθι
3	οἶδε(ν)	ᾔδει(ν)			ἴστω
Pl. 1	ἴσμεν	ᾖσμεν			
2	ἴστε	ᾖστε			ἴστε
3	ἴσασι(ν)	ᾖσαν ᾔδεσαν			ἴστων

Infinitive εἰδέναι   *Participle* εἰδώς, εἰδυῖα, εἰδός, st. εἰδοτ-

φημί = I say

	INDICATIVE		SUBJUNCTIVE	OPTATIVE	IMPERATIVE
	PRESENT	IMPERFECT			
S. 1	φημί	ἔφην	φῶ	φαίην	
2	φής	ἔφησθα	etc. as ἱστῶ	etc. as ἱσταίην	φαθί
3	φησί(ν)	ἔφη			φάτω
Pl. 1	φαμέν	ἔφαμεν			
2	φατέ	ἔφατε			φάτε
3	φασί(ν)	ἔφασαν			φάντων

Infinitive φάναι   *Participle* φάσκων, -ουσα, -ον

FUTURE φήσω   AORIST ἔφησα

ἵημι (ἑ-) = send

PRINCIPAL PARTS

ἵημι   ἥσω   ἧκα   εἷκα   εἷμαι   εἵθην

ACTIVE VOICE

| | | INDICATIVE | | SUBJUNCTIVE | OPTATIVE | IMPERATIVE | INFINITIVE |
		PRIMARY	HISTORIC				
Present and Imperfect	S. 1	ἵημι	ἵην	ἱῶ	ἱείην		ἱέναι
	2	ἵης	ἵεις	ἱῆς	ἱείης	ἵει	
	3	ἵησι	ἵει	ἱῇ	ἱείη	ἱέτω	
	Pl. 1	ἵεμεν	ἵεμεν	ἱῶμεν	ἱεῖμεν		
	2	ἵετε	ἵετε	ἱῆτε	ἱεῖτε	ἵετε	
	3	ἱᾶσι(ν)	ἵεσαν	ἱῶσι(ν)	ἱεῖεν	ἱέντων	
Aorist	S. 1		ἧκα	ὧ	εἵην		εἷναι
	2		ἧκας	ἧς	εἵης	ἕς	
	3		ἧκε(ν)	ᾗ	εἵη	ἕτω	
	Pl. 1		— εἷμεν	ὧμεν	εἷμεν		
	2		— εἷτε	ἧτε	εἷτε	ἕτε	
	3		ἧκαν, εἷσαν	ὧσι(ν)	εἷεν	ἕντων	

PASSIVE AND MIDDLE VOICES

		PRIMARY	HISTORIC	SUBJUNCTIVE	OPTATIVE	IMPERATIVE	INFINITIVE
Present and Imperfect	S. 1	ἵεμαι	ἱέμην	ἱῶμαι	ἱείμην		ἵεσθαι
	2	ἵεσαι	ἵεσο	ἱῇ	ἱεῖο	ἵεσο	
	3	ἵεται	ἵετο	ἱῆται	ἱεῖτο	ἱέσθω	
	Pl. 1	ἱέμεθα	ἱέμεθα	ἱώμεθα	ἱείμεθα		
	2	ἵεσθε	ἵεσθε	ἱῆσθε	ἱεῖσθε	ἵεσθε	
	3	ἵενται	ἵεντο	ἱῶνται	ἱεῖντο	ἱέσθων	

MIDDLE VOICE

		PRIMARY	HISTORIC	SUBJUNCTIVE	OPTATIVE	IMPERATIVE	INFINITIVE
Aorist	S. 1		εἵμην	ὧμαι	εἵμην		ἕσθαι
	2		εἷσο	ᾗ	εἷο	οὗ	
	3		εἷτο	ἧται	εἷτο	ἕσθω	
			etc. as Imperf.	etc. as Present	etc. as Present	etc. as Present	

Verbs the stems of which end in consonants must adjust the consonants of the stems before the consonants of the endings.

(i) Gutturals γ, κ, χ.

(Among these are some common verbs whose present stem ends in ττ and main stem ends in a guttural, e.g. φυλάττω, φυλακ-.)

διώκω, διώξω, ἐδίωξα, δεδίωχα, δεδίωγμαι, ἐδιώχθην.

(ii) Dentals δ, τ, θ.

(Among these are some common verbs whose present stem ends in ʒ and main stem in δ, e.g. κολάʒω, κολαδ-.

If such end in -ιʒ- and are of more than two syllables, the future is contracted: νομίʒω, (νομιδ-) νομιῶ.)

πείθω πείσω ἔπεισα πέπεικα πέπεισμαι ἐπείσθην.

(iii) Labials β, π, φ.

(Among these are some common verbs whose present stem ends in ττ and main stem in β.)

βλάπτω (βλαβ-), βλάψω, ἔβλαψα, βέβλαφα, βέβλαμμαι, ἐβλάφθην.

Note: Liquids λ, μ, ν, ρ.

There is a second stem for each: the principal parts should be learnt of each verb separately.

ἀγγέλλω (ἀγγελ-) ἀγγελῶ ἤγγειλα ἤγγελκα ἤγγελμαι ἠγγέλθην

Consonants are adjusted as follows:

	Before σ	Before κ	Before θ	Before μ	Before τ
(1) Any guttural	becomes κ and forms ξ	becomes χ and κ disappears	becomes χ	becomes γ	becomes κ
	e.g. πράξω	πέπραχα	ἐπράχθην	πέπραγμαι	πέπρακται
(2) Any dental	disappears	disappears	becomes σ	becomes σ	becomes σ
	e.g. πείσω	πέπεικα	ἐπείσθην	πέπεισμαι	πέπεισται
(3) Any labial	becomes π and forms ψ,	becomes φ and κ disappears	becomes φ	becomes μ	becomes π
	e.g. γράψω	γέγραφα	ἐγράφθην	γέγραμμαι	γέγραπται

In the perfect passive and middle the third personal plural is made of the perfect participle and the verb 'to be,' e.g. πεπραγμένοι εἰσί(ν), πεπραγμέναι εἰσί(ν), πεπραγμένα ἐστι(ν)

AUGMENT is a sign to show a historic tense of the indicative.

If stem begins with a consonant, ε is prefixed,

> e.g. λύω, imperfect ἔλυον, aorist ἔλυσα, pluperfect ἐλελύκειν.

N.B. ρ is doubled,

> e.g. ῥίπτω, imperfect ἔρριπτον, etc.

βούλομαι, δύναμαι, μέλλω, add either ε or η.

If stem begins with a vowel, this vowel is lengthened.

Thus: α or ε becomes η,	e.g. present ἄρχω,	imperfect ἦρχον	aorist ἦρξα
ῐ becomes ῑ,	e.g. ἱκετευω,	ἱκέτευον	ἱκέτευσα
ο becomes ω,	e.g. ὁμιλῶ,	ὡμίλουν	ὡμίλησα
ῠ becomes ῡ,	e.g. ὑβρίζω,	ὕβριζον	ὕβρισα
Diphthongs αι becomes η,	e.g. αἰνῶ,	ἤνουν	ἤνεσα
αυ or ευ becomes ηυ,	e.g. εὑρίσκω,	ηὕρισκον	ηὗρον
οι becomes ῳ,	e.g. οἰκτείρω,	ᾤκτειρον	ᾤκτειρα

Long vowels ου and as a rule ει remain unchanged.

In some verbs beginning with ε the lengthening is to ει, e.g.

ἐῶ (ἐάω),	imperfect εἴων,	aorist εἴασα
ἕρπω,	εἷρπον,	εἵρπυσα
ἐργάζομαι,	εἰργαζόμην,	εἰργασάμην
ἕπομαι,	εἱπόμην,	but aorist ἑσπόμην
ἔχω,	εἶχον,	but aorist ἔσχον
Irregular		
ὁρῶ (ὁράω),	ἑώρων,	aorist εἶδον

AUGMENT IN COMPOUND VERBS

The augment is inserted between preposition and stem, vowels at the end of prepositions except περί and πρό being cut off.

> εἰσ-βάλλω imperfect εἰσ-έ-βαλλον.
>
> ἀπο-βάλλω, imperfect ἀπ-έ-βαλλον.
>
> περι-βάλλω, imperfect περι-έ-βαλλον
>
> προ-βάλλω, imperfect προ-έ-βαλλον (or προὔβαλλον)
>
> ἐκ must change to ἐξ
>
> ἐκ-βάλλω, imperfect ἐξ-έ-βαλλον.

42

REDUPLICATION is the sign of perfect and pluperfect tenses in all moods.

Verbs normally reduplicate by repeating first consonant and inserting ε,

e.g. λύω, perfect indicative λ-έ-λυ-κα.

If first consonant is an aspirate (θ, φ, χ), the corresponding hard letter (τ, π, κ) is used for reduplication, e.g. θύω — τέθυκα.

The method of augment is used for reduplication of verbs beginning with

      (i) a double consonant (ʒ, ξ, ψ), e.g. ʒητῶ (ʒητέω) perfect ἐʒήτηκα

      (ii) two consonants (provided the second is not λ, μ, ν, ρ), e.g. στερῶ, perfect ἐστέρηκα

      (iii) ρ, e.g. ῥίπτω, perfect ἔῤῥιφα

      (iv) a vowel, e.g. ἀγγέλλω, perfect ἤγγελκα.

In these 4 classes the reduplication is retained in all moods of the perfects, pluperfects and future perfects, e.g. ἐʒητηκέναι.

NOTE ON THE STRONG AORIST

Many verbs, especially those expressing common actions, use, as in English, a stem different from the present stem to form the aorist tenses.

In the ACTIVE and MIDDLE voices these stems have the endings of the imperfect tense for the indicative mood, for all other moods the endings of the present tenses,

e.g τρέχω, imperfect ἔτρεχον, aorist ἔδραμον, δράμε, δράμω, δράμοιμι, δραμεῖν,

δραμών,   δραμοῦσα, δραμόν

γίγνομαι, imperfect ἐγιγνόμην, aorist ἐγενόμην, γενοῦ, γενῶμαι, γενοίμην, γενέσθαι,

γενόμενος,   γενομένη,   γενόμενον

PREPOSITIONS

	Accusative	Genitive	Dative

ἀμφί   οἱ ἀμφὶ τὸν Σωκράτη
Socrates and his followers

ἀνά   ἀνὰ τὸν ποταμόν
up [the] river

ἀντί   ἀντὶ πολέμου εἰρήνην εἵλοντο
they chose peace instead of war

ἀπό
                    (i) ἀπὸ θαλάττης πολὺ ἀπέχει
                       ἡ πόλις
                          the city is a long way from the sea

                    (ii) ἀφ' ἵππου μάχεσθαι
                        to fight on horseback

διά   δυσκολώτερος διὰ τὴν νόσον   (i) βαδίζειν διὰ τῆς ἀγορᾶς
     grumpier because of his illness   *to walk through the market-place*

                    (ii) δι' ὀλίγου
                        after a short interval

                   (iii) διὰ φιλίας ἰέναι τινί
                        to be on friendly terms with someone

εἰς:[1]   (i) εἰσέβαλον εἰς τὴν Ἀττικήν
        they invaded Attica

    (ii) ἔμενον ἐις τὴν ἕω
        they waited until dawn

   (iii) εἰς τετρακοσίους
        up to four hundred

ἐκ
                    (i) ἐκ Σπάρτης φεύγει
                       he is banished from Sparta

                   (ii) ἐκ τούτου
                       after this

ἐν
                                            (i) ἐν τῇ μάχῃ ἀπέθανον
                                        they died in battle

                                    (ii) ἐν τούτῳ
                                     in the meantime

                                   (iii) ἐν τῷ παρόντι
                                     at present

	Accusative	*Genitive*	*Dative*
ἐπί	(i) ἰέναι ἐπὶ τοὺς πολεμίους *to march against the enemy*	(i) ἐπὶ τείχους ἔστη *he stood on a wall*	(i) πόλις ἐπὶ τῇ θαλάττῃ οἰκουμένη *a city situated beside the sea*
	(ii) ἐπὶ τὸ πολύ *for the most part*	(ii) πλεῖν ἐπὶ τῆς Σικελίας *to sail to Sicily*	(ii) ἐπὶ τούτοις *on these conditions*
		(iii) ἐφ' ἡμῶν *in our lifetime*	
κατά	(i) κατὰ τὸν ποταμόν *down the river*	(i) ἅλλεσθαι κατὰ τῆς πέτρας *to jump down from the rock*	
	(ii) κατὰ γῆν καὶ κατὰ θάλατταν *by land and by sea*	(ii) λέγειν κατ' ἐμοῦ *to speak against me*	
	(iii) κατὰ τὸν νόμον *according to the law*		
	(iv) τὸ κατ' ἐμέ *so far as concerns me*		
μετά	μετὰ ταῦτα *after this*	μετ' ἐμοῦ *with me*	
παρά	(i) εἰσιέναι παρὰ τοὺς φίλους *to go to one's friends*	(ii) παρ' ἄλλου δέχεσθαι *to receive from somebody else*	(iii) καταλύει παρὰ σοί *he lodges at your house*
	(ii) παρὰ τὸν ποταμόν *along the river*		
	(iii) παρὰ τὸν νόμον *contrary to the law*		
περί	(i) περὶ τὴν πόλιν ἰέναι *to go round the city*	(ii) περὶ τούτου ἀγνοῶ *concerning this I am ignorant*	
	(ii) οἱ περὶ τὸν Σωκράτη *Socrates and his followers*	(ii) περὶ πολλοῦ ποιεῖσθαι *to consider of great importance*	
πρό		πρὸ τῶν τειχῶν *in front of the walls*	
πρός	(i) πρὸς τὴν πόλιν ἰέναι *to go towards the city*	(i) πρὸς θεῶν [in oaths] *by the gods!*	(i) πρὸς τῷ πυρί *by the fireside*
	(ii) πρὸς ταῦτα *therefore*	(ii) τοῦτο πρὸς ἡμῶν ἐστίν *this is to our advantage*	(ii) πρὸς τούτοις *in addition to this*
σύν²			σὺν θεοῖς *with the help of the gods*

	Accusative	Genitive	Dative
ὑπέρ	(i) ὑπὲρ Αἴγυπτον ἰόντι *to one going beyond Egypt*	ὑπὲρ τῆς πόλεως μάχεσθαι *to fight for one's city*	
	(ii) ὑπὲρ δύναμιν *beyond one's power*		
ὑπό	(i) ἐπορεύθησαν ὑπὸ τὸ τεῖχος *they marched up to (and under) the wall*	(i) τὰ ὑπὸ τῆς γῆς *the things under the earth*	
	(ii) ὑπὸ νύκτα *at nightfall*	(ii) ὑπὸ τούτου ἐπράχθη *it was done by this man*	

[1]. Thucydides writes ἐς. ὡς or παρά, or πρός + acc. is used before people, not εἰς.

[2]. Thucydides writes ξύν.

The following improper Prepositions are so called because they are never used to compound verbs or any other part of speech. All (with the exception of ὡς) govern the genitive.

1. ἄνευ   ἄνευ ἀκολούθου: *without an attendant*
2. ἐγγύς   ἐγγὺς τῆς πόλεως οἰκεῖν: *to live near the city*
3. ἕνεκα   μισθοῦ ἕνεκα κολακεύειν: *to flatter for a reward*
4. μέχρι   μέχρι τῆς πόλεως διώκειν: *to pursue as far as the city*
5. πλήν   πάντες ἀπέθανον πλὴν ἑνὸς ἀνδρός: *all were killed except one man*
6. ὡς   πρέσβεις ἔπεμψαν ὡς Ξέρξην: *they sent ambassadors to Zerxes*

IRREGULAR VERBS

		ACTIVE			PASSIVE	
		Future	*Aorist*	*Perfect*	*Perfect*	*Aorist*
ἀγγέλλω	announce	ἀγγελῶ	ἤγγειλα	ἤγγελκα	ἤγγελμαι	ἠγγέλθην
ἄγω	lead	ἄξω	ἤγαγον	ἦχα	ἦγμαι	ἤχθην
αἴρω	raise	ἀρῶ	ἦρα	ἦρκα	ἦρμαι	ἤρθην
αἱρέω	take	αἱρήσω	εἷλον	ᾕρηκα	ᾕρημαι	ᾑρέθην
αἰσθάνομαι	perceive	αἰσθήσομαι	ᾐσθόμην	—	ᾔσθημαι	
ἀκούω	hear	ἀκούσομαι	ἤκουσα	ἀκήκοα	ἤκουσμαι	ἠκούσθην
ἁλίσκομαι	be taken	ἁλώσομαι	ἑάλων	ἑάλωκα	—	
ἁμαρτάνω	be mistaken	ἁμαρτήσομαι	ἥμαρτον	ἡμάρτηκα	ἡμάρτημαι	ἡμαρτήθην
-βαίνω	go	-βήσομαι	-έβην	βέβηκα	—	
βάλλω	throw	-βαλῶ	ἔβαλον	βέβληκα	βέβλημαι	ἐβλήθην
βούλομαι	wish	βουλήσομαι	—	—	βεβούλημαι	ἐβουλήθην
γίγνομαι	become	γενήσομαι	ἐγενόμην	γέγονα	γεγένημαι	
γιγνώσκω	know	γνώσομαι	ἔγνων	ἔγνωκα	ἔγνωσμαι	ἐγνώσθην
δεῖ	must	δεήσει	ἐδέησε	—		
δύναμαι	be able	δυνήσομαι	—	—	δεδύνημαι	ἐδυνήθην
ἐλαύνω	drive	ἐλάω	ἤλασα	ἐλήλακα	ἐλήλαμαι	ἠλάθην
ἔρχομαι	come, go	εἶμι	ἦλθον	ἐλήλυθα	—	
εὑρίσκω	find	εὑρήσω	ηὗρον	ηὕρηκα	ηὕρημαι	ηὑρέθην
ἔχω	have	ἕξω / σχήσω	ἔσχον	ἔσχηκα	-έσχημαι	—
-θνήσκω	die	-θανοῦμαι	-έθανον	τέθνηκα		
ἀφ-ικνέομαι	arrive	ἀφίξομαι	ἀφικόμην	—	ἀφῖγμαι	
καλέω	call	καλῶ	ἐκάλεσα	κέκληκα	κέκλημαι	ἐκλήθην
ἀπο-κτείνω	kill	-κτενῶ	-έκτεινα	-έκτονα		
λαμβάνω	take	λήψομαι	ἔλαβον	εἴληφα	εἴλημμαι	ἐλήφθην
λανθάνω	escape the notice of	λήσω	ἔλαθον	λέληθα	-λέλησμαι	
λέγω / -αγορεύω	say	λέξω / ἐρῶ	εἶπον	εἴρηκα	εἴρημαι	ἐρρήθην
λείπω	leave	λείψω	ἔλιπον	λέλοιπα	λέλειμμαι	ἐλείφθην
μανθάνω	learn	μαθήσομαι	ἔμαθον	μεμάθηκα	—	
μάχομαι	fight	μαχοῦμαι	ἐμαχεσάμην	—	μεμάχημαι	
μένω	remain	μενῶ	ἔμεινα	—	—	
νομίζω	consider	νομιῶ	ἐνόμισα	νενόμικα	νενόμισμαι	ἐνομίσθην
-όλλυμι	destroy	-ολῶ	-ώλεσα	-ολώλεκα trans. / -όλωλα intrans.		
ὄμνυμι	swear	ὀμοῦμαι	ὤμοσα	ὀμώμοκα		
ὁράω	see	ὄψομαι	εἶδον	ἑόρακα	ἑόραμαι	ὤφθην
πάσχω	experience	πείσομαι	ἔπαθον	πέπονθα		
πείθω	persuade	πείσω	ἔπεισα	πέπεικα trans. / πέποιθα intrans.	πέπεισμαι	ἐπείσθην

		ACTIVE			PASSIVE	
		Future	*Aorist*	*Perfect*	*Perfect*	*Aorist*
πέμπω	*send*	πέμψω	ἔπεμψα	πέπομφα	πέπεμμαι	ἐπέμφθην
πίπτω	*fall*	πεσοῦμαι	ἔπεσον	πέπτωκα	—	—
πράττω	*do*	πράξω	ἔπραξα	(πέπραχα) trans. πέπραγα intrans.	πέπραγμαι	ἐπράχθην
πυνθάνομαι	*find out*	πεύσομαι	ἐπυθόμην		πέπυσμαι	—
στέλλω	*despatch*	στελῶ	ἔστειλα	ἔσταλκα	ἔσταλμαι	ἐστάλην
τρέπω	*turn*	τρέψω	ἔτρεψα	τέτροφα	τέτραμμαι	ἐτράπην
τυγχάνω	*happen*	τεύξομαι	ἔτυχον	τετύχηκα	—	
ὑπισχνέομαι	*promise*	ὑποσχήσομαι	ὑπεσχόμην	—	ὑπέσχημαι	
φαίνω	*show*	φανῶ	ἔφηνα	(πέφαγκα πέφηνα)	πέφασμαι	(ἐφάνθην trans. ἐφάνην intrans.
φέρω	*carry*	οἴσω	ἤνεγκα	ἐνήνοχα	ἐνήνεγμαι	ἠνέχθην
φεύγω	*flee*	φεύξομαι	ἔφυγον	πέφευγα		
φθάνω	*anticipate*	φθήσομαι	(ἔφθασα ἔφθην)	ἔφθακα	—	
-φθείρω	*destroy*	-φθερῶ	-έφθειρα	-έφθαρκα	-έφθαρμαι	-εφθάρην
φοβέομαι	*be afraid*	φοβήσομαι	—	—	πεφόβημαι	ἐφοβήθην